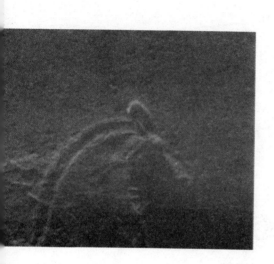

中国文化知识读本
Zhongguo Wenhua
Zhishi Duben

班固与《汉书》

主编　金开诚

编著　马宏艳

吉林出版集团有限责任公司

吉林文史出版社

图书在版编目（CIP）数据

班固与《汉书》/ 马宏艳编著 . 一长春：吉林出
版集团有限责任公司：吉林文史出版社，2009.12（2022.1重印）
（中国文化知识读本）
ISBN 978-7-5463-1965-0

Ⅰ.①班… Ⅱ.①马… Ⅲ.①班固（32～92）–人物
研究②中国–古代史–西汉时代–纪传体③汉书–研究
Ⅳ.①K825.81 ②K234.104.2

中国版本图书馆 CIP 数据核字（2009）第 236928 号

班固与《汉书》

BANGU YU HANSHU

主编/ 金开诚 编著/马宏艳

责任编辑/曹恒 于涉 责任校对/王文亮

装帧设计/曹恒 摄影/金诚 图片整理/董昕瑜

出版发行/吉林文史出版社 吉林出版集团有限责任公司

地址/长春市人民大街4646号 邮编/130021

电话/0431-86037503 传真/0431-86037589

印刷/三河市金兆印刷装订有限公司

版次/2009 年 12 月第 1 版 2022 年 1 月第 6 次印刷

开本/650mm×960mm 1/16

印张/8 字数/30千

书号/ISBN 978-7-5463-1965-0

定价/34.80元

关于《中国文化知识读本》

　　文化是一种社会现象，是人类物质文明和精神文明有机融合的产物；同时又是一种历史现象，是社会的历史沉积。当今世界，随着经济全球化进程的加快，人们也越来越重视本民族的文化。我们只有加强对本民族文化的继承和创新，才能更好地弘扬民族精神，增强民族凝聚力。历史经验告诉我们，任何一个民族要想屹立于世界民族之林，必须具有自尊、自信、自强的民族意识。文化是维系一个民族生存和发展的强大动力。一个民族的存在依赖文化，文化的解体就是一个民族的消亡。

　　随着我国综合国力的日益强大，广大民众对重塑民族自尊心和自豪感的愿望日益迫切。作为民族大家庭中的一员，将源远流长、博大精深的中国文化继承并传播给广大群众，特别是青年一代，是我们出版人义不容辞的责任。

　　《中国文化知识读本》是由吉林出版集团有限责任公司和吉林文史出版社组织国内知名专家学者编写的一套旨在传播中华五千年优秀传统文化，提高全民文化修养的大型知识读本。该书在深入挖掘和整理中华优秀传统文化成果的同时，结合社会发展，注入了时代精神。书中优美生动的文字、简明通俗的语言、图文并茂的形式，把中国文化中的物态文化、制度文化、行为文化、精神文化等知识要点全面展示给读者。点点滴滴的文化知识仿佛繁星，组成了灿烂辉煌的中国文化的天穹。

　　希望本书能为弘扬中华五千年优秀传统文化、增强各民族团结、构建社会主义和谐社会尽一份绵薄之力，也坚信我们的中华民族一定能够早日实现伟大复兴！

目录

一 学识渊博的班固

班固墓

汉章帝时，班固职位很低，先任郎官。建初三年（公元78年）升为玄武司马，是守卫玄武门的郎官中的下级官吏。由于章帝喜好儒术文学，赏识班固的才能，因此多次召他入宫廷侍读。章帝出巡时，班固常随侍左右，奉献所作赋颂。对于朝廷大事，也常奉命发表意见，与公卿大臣讨论，曾参加论议对西域和匈奴的政策。

建初四年，章帝效法西汉宣帝石渠阁故事，在白虎观召集当代名儒讨论五经异同，并亲自裁决。其目的是广泛动员今古文学派的力量，促进儒家思想与谶纬神学紧密结合，加强儒家思想在思想领域的统治地位。在这次会议上，班固以史官兼任记录，奉命把讨论结果整理成《白虎通德论》，又称《白虎通义》。

汉和帝永元元年（公元 89 年），大将军窦宪奉旨远征匈奴，班固被任为中护军随行，参与谋议。窦宪大败北单于，登上燕然山（今蒙古杭爱山），命班固撰写了著名的燕然山铭文，刻石记功而还。班固与窦宪本有世交之谊，入窦宪幕府后，主持笔墨之事，关系更为亲密。永元四年，窦宪在政治斗争中失败自杀，洛阳令与班固素有积怨，借机罗织罪名，捕班固入狱，同年死于狱中。班

西汉时期儒家思想占据了统治地位

学识渊博的班固

《汉书》

固自幼聪慧，所学无长师，不死守章句，只求通晓大义。及长，贯通群书，诸子百家之言无不穷究。在父亲的影响下研究史学。居丧在家时，着手整理父亲的《史记后传》，并开始撰写《汉书》。东汉明帝永平年间，因有人告其私改国史，被捕入狱。赖其弟班超奔走上书，其书稿遂送至京师。明帝阅后，很赏识班固的才学，召

班固多才多艺，还擅长吟诗作赋

为兰台令史。后又迁为郎，典校秘书。至汉章帝建初七年（公元82年）成《汉书》。继司马迁之后，开创了"包举一代"的断代史体例，为后世"正史"之楷模。

班固还擅长作赋，撰有《两都赋》《汉书苏武转》《幽通赋》等，是东汉前期最著名的辞赋家。东汉建都洛阳，"西土耆老，咸怀怨思"（《两都赋序》），仍希望复都长安，

学识渊博的班固

西安古城墙

而班固持异议，因此作《两都赋》。赋中以主客问答方式，假托西都宾向东都主人夸说西都长安的关山之险、宫苑之大、物产之盛。东都之人则责备他但知"矜夸馆室，保界河山"，而不知大汉开国奠基的根本，更不知光武迁都洛邑、中兴汉室的功绩，于是宣扬光武帝修文德、来远人的教化之盛，最后归于节俭，"以折西宾淫侈之论"。《两都赋》体制宏大，写法上铺张扬厉，完全模仿司马相如、扬雄之作，是西汉大赋的继续。但在宫室游猎之外，又开拓了写京都的题材，后来张衡写《二京赋》、左思写《三都赋》，都受他的影响。《两都赋》虽未过分堆砌辞藻，但风格比较疏宕。《幽通赋》为述志之作，表示他守身弘道的志向。写法仿《楚辞》，先述自己家世，后写遇神人预卜吉凶，再写他誓从圣贤的决心。所谓幽通，即因卜筮谋鬼神以通古今之幽微的意思。另有《答宾戏》，仿东方朔《答客难》、扬雄《解嘲》，表现自己"笃志于儒学，以著述为业"的志趣。此外，他为窦宪出征匈奴纪功而作的《封燕然山铭》，典重华美，历来传诵，并成为常用的典故。

《两都赋序》展示了班固不凡的才华

　　班固在《汉书》和《两都赋序》中表达

班固囿于儒家正统思想的局限，对屈原做出了 不正确的评价

了自己对辞赋的看法。他认为汉赋源于古诗，是"雅颂之亚"、"炳焉与三代同风"。他不仅肯定汉赋"抒下情而通讽谕"的一面，而且肯定它"宣上德而尽忠孝"的一面，实际上也肯定了汉赋的歌功颂德的内容。在《离骚序》中，班固对屈原作了不正确的评价，他认为屈原"露才扬己"，虽有"妙才"，"非明智之器"，表现了他囿于儒家正统思想的局限性。班固另有《咏史诗》，记缇萦故事，为完整五言体，虽质木无文，却是最早文人五言诗之一。

二　班固的伟大成就

班固的《奴书·地理志》在历史上有着举足轻重的地位

（一）开创了正史地理志的先例

在正史中专列《地理志》是从班固的《汉书·地理志》开始的。班固生活的时代，汉王朝空前统一和强盛，经济发达，版图辽阔，陆海交通发达。地理知识的积累远非《山海经》和《禹贡》时代可比，社会生活和管理对地理知识的需要也空前迫切。地理撰述不再近则凭证实，远则凭传闻，而是国家掌握的各地方当局的直接见闻，乃至相当准确的测绘和统计了。记录大量实际地理资料的地理著作的出现虽是那个时代的要求，但是，在正史中专列《地理志》却是班固对后世的重大贡献。封建时代，一般的地理著作很难流传到今天，但正史中的《地理志》，在后世王朝的保护下，较易流传下来。班固在正史中专列《地理志》的做法，被后世大部分正史及大量的地方志所遵奉。这样就为我们今天保留了丰富的地理资料，为研究中国古代地理学史及封建时代的社会、文化史提供了重要条件。班固对正史《地理志》的开创之功不可忽视。

（二）开创了政区地理志的体例

班固《汉书·地理志》的结构内容共分三部分：卷首 (从"昔在黄帝"至"下及战国、秦、汉焉") 全录《禹贡》和《周礼·职方》这两篇，并依汉代语言作了文字上的修改；

班固的〈汉书，地理志〉为我们留下了丰富的地理资料

班固的伟大成就

卷末(从"凡民函五常之性"至卷终)辑录了以《史记货殖列传》为基础的刘向《域分》和朱赣《风俗》;正文(从"京兆尹"至"汉极盛矣")主要写西汉政区,以郡为纲,以县为目,详述西汉地理概况。这部分是以汉平帝元始二年(公元2年)的全国疆域、行政区划为基础,叙述了103个郡国及所辖1578县(县1356,相当县的道29,侯国193)的建置沿革、户口统计、山川泽薮、水利设施、古迹名胜、要邑关隘、物产、工矿、垦地等内容,篇幅占了《汉书地理志》的三分之二。正文以疆域政区为框架,将西汉一代各种自然地理和人文地理现象分记于相关的政区之下,从政区角度

《汉书,地理志》以行政疆域为基础叙述了中国地理概况

班固与《汉书》

来了解各种地理现象的分布及其相互关系的编写体例，可以称之为政区地理志。这种体例创自班固，表现了他以人文地理为中心的新地理观。以前的地理著作，如《山海经》《职方》等，一般都以山川为主体，将地理现象分列于作者所拟定的地理区域中，而不注重疆域政区的现实情况。《禹贡》虽然有了地域观念，以山川的自然界线来划分九州，分州叙述各地的地理。但"九州"仅是个理想的制度，并没有实现过。所以《禹贡》还不是以疆域、政区为主体、为纲领的地理著作。班固之所以形成以人文地理为中心的新地理观，除了他本人的原因之外，还因为他生活在东汉这个具体的历史时代。我国行政区划

《汉书·地理志》突破了传统的叙述方法，为后人所称颂

班固的伟大成就

班固的《饮书·地理志》对古代地理学的发展产生了深远的影响

起始于春秋战国之际，但尚未有统一四海的封建国家出现。随后的秦代虽然一统天下，但历时很短。自汉朝建立到班固生活的东汉，已经有了二百多年长期稳定的历史，在疆域广袤的封建大帝国内，建置并完善了一套郡（王国）县（邑、道、侯国）二级行政区划。长期实施的社会制度，促成了新地理观念的产生。班固的这种新地理观随着大一统观念的加强，随着重人文、轻自然、强调天人合一的中国传统文化精神的巩固而一起被长期继承下去。不但各正史地理志都以《汉书·地理志》为蓝本，而且自唐《元和郡县志》以下的历代全国地理总志也无不仿效其体例。班固的地理观及其《汉书·地理志》模式对中国古

代地理学的发展产生了深远影响。一方面是为我国保留了一大批极有价值的人文地理资料，另一方面也妨碍了自然地理观念的发展。直到明末《徐霞客游记》问世之前，我国始终缺乏对自然地理现象进行科学描述和研究的专著，至多只有记录自然地理现象分布和简单描述的作品，往往还是像《水经注》那样以人文地理资料的记录为主。之所以出现这种情况，班固的地理观及其《汉书·地理志》模式的影响不能不说是其重要原因之一。

（三）开沿革地理之始

班固不仅在《汉书·地理志》中首创了政区地理志的模式，同时也完成了首例沿革

《汉书·地理志》首创政区地理模式

地理著作。《汉书》虽然是西汉一朝的断代史，但《汉书·地理志》记述的内容超出西汉一朝。它"因先王之迹既远，地名又数改易，是以采获旧闻，考迹《诗》《书》，推表山川，以缀《禹贡》《周官》《春秋》，下及战国、秦、汉焉"。它既是一部西汉的地理著作，又涉及到各郡国的古代历史，政区沿革等。比如，卷首写汉之前历代疆域沿革，除全录《禹贡》《职方》两篇外，班固还在《禹贡》前增以黄帝至大禹、《禹贡》与《职方》间加以大禹至周、《职方》后缀以周至秦汉的简略沿革，保持了汉以前区域沿革的连续性。又比如，卷末辑录了刘向的《域分》和朱赣的《风俗》，分述以秦、魏、周、韩、郑、陈、赵、燕、齐、鲁、宋、卫、楚、吴、粤（越）等故国划分的各地区概况，其中沿革是重要内容之一。再比如，班固在正文中于政区地理的框架中纳入其他门类的地理现象，将其分系于各有关的郡国和县道之下，并主要采取注的形式叙述各郡国从秦代到王莽时的建置沿革。县一级政区还载明王莽的改名。班固在《汉书地理志》中注重地理沿革的做法被以后的正史地理志、全国地理总志和大量的地方志所沿用，使后世的沿革地理著作成为中国古代地理学的重要组成部分。

（四）记录了大量的自然和人文地理资

班固在政区地理框架中又加入了其他门类的 地理现象

班固的伟大成就

《汉书·地理志》记录了丰富的水文地理资料

料

　　班固的《汉书》是我国西汉的断代史，其中记载了当时大量的自然和人文地理资料，尤其集中在其中的《地理志》以及《沟洫志》和《西域列传》等篇目中。例如，仅《汉书·地理志》的正文中就记载川渠 480 个，泽薮 59 个，描述了全国三百多条水道的源头、流向、归宿和长度，是《水经注》出现以前内容最丰富的水文地理著作。正文中还记载有 153 个重要山岳和 139 处工矿物产位置分布情况；有屯田的记录；有水利渠道的建设；有各郡国及首都长安、少数重要郡国治所及县的户

数和人口数统计资料 113 个，是我国最早的
人口分布记录，也是当时世界上最完善的人
口统计资料。书中有陵邑、祖宗庙、神祠的
分布；有具有历史意义的古国、古城及其他
古迹记录；有重要的关、塞、亭、障的分布
以及通塞外道路的内容等。总之，《汉书》
中所记载的自然地理、经济地理、人口地理、
文化地理、军事交通地理等内容为今天研究
汉代的社会提供了宝贵的资料。

《汉书·地理志》还记录了
重要的关、塞、亭、障的
分布

（五）保存了宝贵的边疆地理资料

班固的《汉书》在《地理志》《西域列
传》等篇中记载了大量的边疆地理资料。西
汉是我国历史上最强盛的王朝之一，幅员辽

《汉书·地理志》中记载
了大量边疆地理资料

阔，交通、文化、经济发达。经过武帝时张骞的几次出使西域和汉军的几次出征，开通了丝绸之路；经过张骞等人的"通西南夷"，对当时西南地区有了一定了解。此外，西汉时对东南沿海、南海及印度洋的地理也有一定认识。这些在《汉书》中有丰富的记载。如《汉书·地理志》最早记载了一条从今广东徐闻县西出发到印度南部和斯里兰卡的航海线，对沿途各地的地理现象做了记录。又如，《汉书·严助传》记载淮南王说闽越（即福建）的情况是"以地图察其山川要塞，相去不过数寸，而间独数百千里，阻险林丛弗能尽著。视之若易，行之甚难"。再如，《汉书·匈奴传》中记载匈奴"外有阴山，东西千余里，草木茂盛，多禽兽"。又说："幕北地平，少草木，多大沙。"这些描述蒙古高原的内容说明汉代人们对边疆地理已有相当程度的认识，给我们留下了丰富的研究材料。

班固是我国东汉著名的学者，《汉书》中有关地理方面的记述是他根据档册进行抄录、编纂而成的，特别是《地理志》博采西汉以前的地理著作汇为一篇。著书的宗旨是"追述功德"、表彰汉朝使之"扬

《汉书·地理志》对后世产生了深远的影响

名于后世"，同时为当时行政管理服务。因此，地理的内容以政区沿革地理为框架，自然地理内容排在其次。班固所开创的《汉书·地理志》模式对后世沿革地理的蓬勃发展起了促进作用，但也阻碍了自然地理的进步。从《汉书·地理志》的内容来说，它是从事中国疆域政区沿革研究的基础，是研究我国疆域地理必读的书，是研究汉代地理必读的书。

总之，班固在沿革地理学的开创和地理资料的保存方面都是卓有成就的，他是中国封建社会颇有影响的历史地理学家。

（一）班婕妤

三 班固的家族名人

班婕妤（公元前 48 年—公元前 6 年），楼烦（今山西省宁武）人，乃是楚令尹子文的后人。其父班况生了三个儿子和她这个女儿。幼子班稚生班彪，班彪又生班固、班超和班昭。汉成帝的妃子，善诗赋，有美德。初为少使，立为婕妤。《汉书·外戚传》中有她的传记。

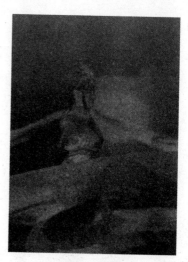

班婕妤多才多艺，汉成帝颇为欣赏

班婕妤是汉成帝的后妃，在赵飞燕入宫前，汉成帝对她最为宠幸。她的父亲是班况，班况在汉武帝出击匈奴的后期，驰骋疆场，建立过不少汗马功劳。

班婕妤在后宫中的贤德是有口皆碑的。当初汉成帝为她的美艳及风韵所吸引，天天同她在一起，班婕妤的文学造诣极高，尤其熟悉史事，常常能引经据典，开导汉成帝内心的积郁。班婕妤又擅长音律，常使汉成帝在丝竹声中，进入忘我的境界，对汉成帝而言，班婕妤不止是她的侍妾，她多方面的才情，使汉成帝把她放在亦妾亦友的地位。

班婕妤当时强调妇德、妇容、妇才、妇工等方面的修养，希望对汉成帝产生更大的影响，使他成为一个有道明君。可惜汉成帝不是楚庄王，自赵飞燕姐妹入宫后，他沉湎于声色犬马，班婕妤受到冷落。

（二）其父班彪

班彪(公元3年—54年)，扶风安陵(今陕西咸阳市东北) 人。他出身于汉代显贵和儒学之家，受家学影响很大。

幼年从兄班嗣一同游学，结交很广。二十多岁时，农民起义失败，群雄割据，隗嚣拥众割据于天水，因避难而从之。

因隗嚣固执己见，顽固地割据称雄，班彪只能离去，投奔河西窦融，颇受窦融器重，任为从事。他为窦融划策，归顺刘秀政权，总西河以拒隗嚣。这对东汉统一是有功的。光武帝（刘秀）闻知其才，召见了他，举茂材，任为县的长官，又为司

班彪出生于汉代显贵之家

班固与《汉书》

班彪爱好史学，博览群书

徒掾。班彪时有奏言，对时政多所建议，如《复护羌校尉疏》《上言选置东宫及诸王国官属》《奏议答北匈奴》等。

班彪专心于史学，尤好汉代史。汉武帝时，司马迁撰写了一部史书（后称《史记》），从传说中的黄帝写到当代汉武帝，后事缺而无录。后来褚少孙、刘向、刘歆、冯商、扬雄等十多位学者都曾缀集时事，或补或续之。班彪认为续作"多鄙俗"，不足以踵继司马迁之书。于是继续采集西汉遗事，又旁贯异闻，作《后传》数十篇。此书是续《史记》之作，但"不为世家，唯纪、传而已"。

《后传》原书已佚，其内容思想已多为《汉书》汲取，只是无法辨认清楚了。今《汉

司马迁像

书》的元帝、成帝二纪及韦贤、翟方进、元后三传的《赞》，还保留有班彪的史论文字

班彪曾作《前史略论》，详论以往的史学得失，实为撰写《后传》有所借鉴和改进。他简要地追述了先秦秦汉之际的史官和史籍，着重评论司马迁所著《史记》的内容、体裁、体例和思想。他说："迁之所记，从汉元至武以绝，则其功也。""然其善序事理，辩而不华，质而不野，文质相称，盖良史之才也。"充分肯定了司马迁的史才。但又评道："其论述学，则崇黄老而薄《五经》；序货殖，则轻仁义而羞贫贱；道游侠，则贱守节而贵俗功；此

其大敝伤道，所以遇极刑之咎也……诚令迁依《五经》之法言，同圣人之是非，意亦庶几矣。"这是对司马迁"异端"思想的极尽讽刺，表明了他的封建正统观点，自然也是他写《后传》的指导思想。《前史略论》是中国古代较早的一篇史学论文，可谓儒家正统史学观点的代表，在中国史学理论史上占有一定的地位。

班彪的历史思想和史学思想，对班固和《汉书》有直接而深刻的影响。检阅班固《汉书》述论西汉盛衰兴亡及撰写儒林、游侠、货殖等的旨趣，就可了然。

班彪的史学观受到了正统
儒家思想的影响

班固的家族名人

班超投身于稳固边疆的
事业之中

（三）其弟班超

　　班超（公元 32 年—102 年），字仲升，
扶风平陵（今陕西咸阳东北）人，东汉著
名的军事家和外交家。班超是著名史学家
班彪的幼子，其长兄班固、妹妹班昭也是
著名的史学家。他和其父班彪、其兄班固
三人合称"三班"。但班超选择了不同的
道路，他"投笔从戎"，加入到了汉朝稳
固边疆的事业中去，成为东汉名将。班超
为人有大志，不拘小节。然而在家中孝顺
勤谨，过日子常做辛苦操劳的事，不以劳
苦为耻辱。他口齿辩给，博览群书，能够
权衡轻重，审察事理。汉明帝永平五年（公
元 62 年），兄长班固被召入京中任校书郎，

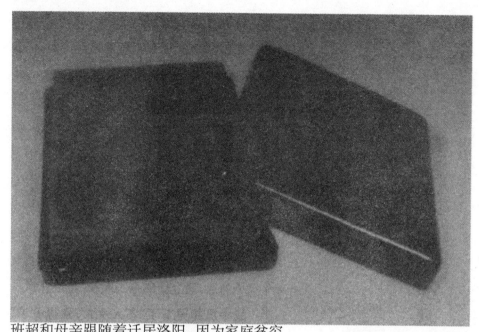

班超和母亲跟随着迁居洛阳。因为家庭贫穷，班超常为官府抄书挣钱来养家。他因为长期抄写而劳苦不堪，曾经有一次，他停下的手中的活儿，扔了笔感叹道："大丈夫如果没有其他的志向谋略，也应像昭帝时期的傅介子、武帝时期的张骞那样，在异地他乡立下大功，以得到封侯，怎么能长时间从事于笔、砚之间呢？"旁边的人都嘲笑他，班超说："小人物怎么能了解有志之士的志向呢！"

公元 74 年，怀着"不入虎穴，焉得虎子"的抱负，班超被派遣到罗布泊西南的鄯善国，发现那里的匈奴使者试图鼓动国王背叛汉朝，故乘夜纵火烧匈奴使者的营帐，对匈奴使者进行突袭，把匈奴使者杀死。班超

班超胸怀大志，不愿每天与笔砚为伴

次日将匈奴人的首级展示给鄯善王，对鄯善王加以游说，使鄯善国归顺汉室。在于阗国，班超诱一名巫师前来取马，然后怒斩该巫师，该巫师左右于阗朝政，对班超态度冷淡，又试图劝于阗王与匈奴人结盟。班超曾经带领36人的一支小军队，推翻龟兹国在疏勒国所立的傀儡政权，重立疏勒故王兄长之子为王，建立新的亲汉政权，也是在这一战中班超留下了"不入虎穴，焉得虎子"的千古名句。通过这类强有力的手段，他多次协助西域各国抵抗匈奴以及亲匈奴国家的入侵，塔里木盆地的首领们，共五十多国纷纷与汉朝结盟。班超在西域长驻了三十多年，在他回到汉朝后拜

班超多次协助抵御匈奴，为稳定西域立下了汗马功劳

班固与《汉书》

班超为西域的稳定作出
了卓越的贡献

为射声校尉，两个月后即病逝。在班超的努力下，塔里木盆地的统治权又归到了汉朝，再现了一百年前汉武帝的辉煌。但接管的任尚却在短短数年内就撤守西域。匈奴人也同样在开展类似的行动，推翻亲汉的政权，与新政权结盟。这样不断地反复，一直到20年后班超之子班勇的手里，才把匈奴从那里赶了出去。

班超通西域是中国历史上的一件大事，投笔从戎的班超从开始经营西域时的 36 人到最后被任命为西域都护，封定远侯，留下了"水至清则无鱼，人至察则无徒"的经典

班固的家族名人

名句,有人认为是班超的才德安定了西域。

班超活了 71 岁, 41 岁时出使西域,回归后仅二个月便与世长辞,他在西域驻守了整整三十年,这三十年的风风雨雨自然可想而知,而他所率领的官员和士兵大多数是贬谪之人,这样的队伍能卖命拼杀为国效力,不知耗费了班超多少苦心。年老思乡的班超没有说要返回故里,而说希望活着进入玉门关,其中的痛苦也不言而喻。但是据《后汉书》记载,班超上书朝廷三年,却音信全无,东汉朝廷对有功之臣的态度委实令人寒心。在这之后班超的妹妹也上书请求召回班超,《后汉书》记载班超的妹妹在上书中说:"妾窃闻古者

晚年的班超思乡情重

班固与《汉书》

戍守边疆的忠臣日后多
伴有辛酸的回忆

十五受兵，六十还之，亦有休息不任职也。"
可见当时"边防军"的疾苦。

不过，班超的经历虽然带有悲剧色彩，
但是比起西汉名将飞将军李广也算幸运的
了。李广一心要为国建功，最终自刎而死，
令不少仁人志士扼腕叹息。而班超虽然经历
坎坷，但是在外戚专权、政治动荡的情况下，
能扬威西域，传名于世，历史也算对他情有
独钟了。然而班超具有高尚的爱国情操，魏
徵曾高歌："中原初逐鹿，投笔事戎轩。"
（《述怀》），就是以班超投笔从戎自谕，
可望为唐朝建功立业；李益也曾说："伏波
唯愿裹尸还，定远何须生入关。莫遣只轮归
海窟，仍留一箭射天山。"（《塞下曲》）

班固的家族名人

班超戍守西域，功不可没

在对伏波将军马援和定远侯班超劝慰的同时，也表达了自己的建功立业的雄心壮志。

（四）其妹班昭

班昭（约公元49年—约120年），一名姬，字惠班，是我国古代第一位杰出的女史学家。班彪之女，班固、班超之妹，曹世叔妻，早寡。班昭14岁嫁给同郡曹世叔为妻，所以人们又把班昭叫做"曹大家"。

固为《汉书》，其八《表》及《天文志》未竟，汉和帝诏就东观续成之。数召入官，令皇后贵人师事，号曰曹大家。有《女诫》七篇，集三卷。

班昭常奉召入宫

　　班昭家学渊源，尤擅文采。她的父亲班彪是当代的大文豪，班昭本人常被召入皇宫，教授皇后及诸贵人诵读经史，宫中尊之为师。

　　班昭的文采首先表现在帮她的哥哥班固修《汉书》方面，这部书是我国的第一部纪传体断代史，是正史中写的较好的一部，人们称赞它言赅事备，与《史记》齐名，全书分纪、传、表、志几类。还在班昭的父亲班彪的时候，就开始了这部书的写作工作，她的父亲死后，她的哥哥班固继续完成这一工作。不料就在他快要完成《汉书》时，却因窦宪一案的牵连，死在狱中，班昭接过亡兄的工作继续著史。

好在班昭还在班固活着的时候就参与了全书的纂写工作，后来又得到汉和帝的批准，可以到东观藏书阁参考典籍，所以写起来得心应手。

《汉书》出版以后，获得了极高的评价，学者争相传诵，《汉书》中最棘手的是第七表《百官公卿表》，第六志《天文志》，这两部分都是班昭在她兄长班固死后独立完成的，但班昭都谦逊地仍然冠上她哥哥班固的名字。班昭的学问十分精深，当时的大学者马融，为了请求班昭的指导，还跪在东观藏书阁外，聆听班昭的讲解呢！

班昭继续亡兄的工作，出色地完成了《汉书》的编撰

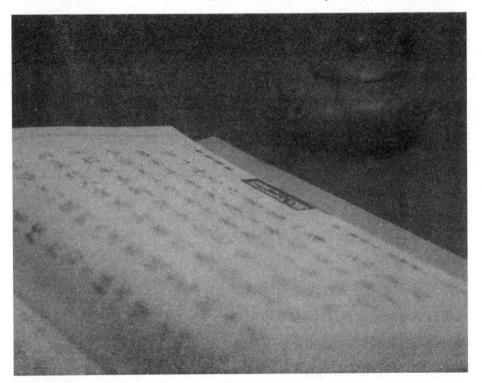

班固与《汉书》

班昭还有一个兄弟班超，我们现在常用的两个成语"投笔从戎"和"不入虎穴，焉得虎子"就是由他的口语演化而成的，反映出他的智勇过人，他出使西域，以功封定远侯，拜西域都护，扬汉威30年之久。

汉和帝永元十二年，班超派他的儿子班勇随入贡的使者回到洛阳，带回他给皇帝的奏章：

臣不敢望到酒泉郡，但愿生入玉门关，以承边境威外夷。臣老病衰困，冒死瞽言，谨先遣子勇随献物入塞，及臣生在，令勇目见中土。

晚年的班超渴望落叶归根

表达出一种浓郁的叶落归根的思想，然而奏章送上去之后，朝廷三年内未加理会。

班昭想到死去的哥哥班固，对年已70，客居异乡的哥哥班超，产生一股强烈的怜悯之情，于是不顾一切地给皇帝上书。班昭代兄上书，说得合情合理，丝丝入扣，汉和帝览奏，也为之戚然动容。特别是文中的最后两句，引用周文王徐灵台，掘地得死人之骨，而更葬之。魏文侯之师田子方，见君弃其老马，以为少尽其力，老而弃之，非仁也，于是收而养之。两则故事明讽暗示，使汉和帝认为再不有所决定，实在愧对老臣，于是派

班固的家族名人

班昭以马作喻，巧妙地说服了
汉和帝让哥哥返乡

遣戊己校尉任尚出任西域都护，接替班超。班昭以她的文采和才情使她的哥哥班超得以回朝。

任尚抵达任所，班超一一予以交代完毕，任尚对班超说："任重虑浅，宜有以诲之。"希望班超对他治理西域提出一些忠告，班超语重心长地说："塞外吏士，本非孝子顺孙，皆以罪过徙补边屯；而蛮夷怀鸟兽之心，难养易败。今君性严急，水清无大鱼，察政不得下和，宜荡佚简易，宽小过，总大纲而已。"但班超走后，任

班超的治理方法听来平常，却保证了边疆 30 年的稳定

尚私下对亲信说："我以班君当有奇策，今所言平平耳！"任尚不能借重班超的经验，竟以严急苛虐而失边和，这是后话。

汉和帝永元十四年八月，班超回到洛阳，拜为射声校尉，他离开西域疏勒时本已有病，来不及和妹妹好好地聊聊，加以旅途劳顿，回家二个月后就病逝了。

班昭的文采还表现在她写的《女诫》七篇上。内容包括卑弱、夫妇、敬慎、妇行、专心、曲从和叔妹七章。本是用来教导班家女儿的私家教课用书，不料京城世家却争相

班固的家族名人

传抄，不久便风行全国各地。

班昭主要生活在汉和帝时代，汉和帝在班超死后不久就驾崩了，皇子刘隆生下来才一百天，就嗣位为汉殇帝，邓太后临朝听政，不到半年，殇帝又死，于是以清河王刘祜嗣位为汉安帝，安帝才13岁，邓太后仍然临朝听政。

东汉皇帝短命，只有开国的光武帝刘秀活过"花甲"，62岁去世，其次就是汉明帝，48岁，再次是汉章帝31岁，其他多在20岁以下，包括一大批娃娃皇帝，

班超返乡后一个月就病逝了

班固与《汉书》

造成外戚专权局面。

东汉时期皇帝大都短命，外戚专权，政权不稳

邓太后以女主执政，班昭以师傅之尊得以参与机要，竭尽心智地尽忠。邓骘以大将军辅理军国，是太后的兄长，颇受倚重，后来母亲过世，上书乞归守制，太后犹豫不决，问策于班昭，班昭认为："大将军功成身退，此正其时；不然边祸再起，若稍有差池，累世英名，岂不尽付流水？"邓太后认为言之有理，批准了邓骘的请求。

班昭年逾古稀而逝，皇太后为她素服举

班昭德才兼备，死后皇太后
为其素服举哀

哀。

班昭是一位博学多才，品德俱优的中
国古代女性，她是位史学家，也是位文学
家，还是位政治家。她在曹家有一个儿子，
几个女儿，儿子曹成被封为关内侯。

四 历史巨著 《汉书》

（一）《汉书》简介

由于《史记》只写到汉武帝的太初年间，因此，当时有不少人为它编写续篇。据《史通·正义》记载，写过《史记》续篇的人就有刘向、刘歆、冯商、扬雄等十多人，书名仍称《史记》。班固的父亲班彪（公元3年—54年）对这些续篇感到很不满意，遂"采其旧事，旁贯异闻"为《史记》"作《后传》六十五篇"。班彪死后，年仅二十几岁的班固，动手整理父亲的遗稿，决心继承父业，完成这部接续《史记》的巨作——《史记后传》。就在班固着手编撰《汉书》不久，永平五年（公元62年）

《汉书》的编撰并不是一帆风顺的，其间班固曾被陷害入狱

班固与《汉书》

班固因祸得福，被任命
为兰台令史

有人向朝廷上书，告发班固"私改作国史"。皇帝下诏收捕，班固被关进了监狱，家中的书籍也被查抄。其弟班超担心他受委屈而难以自明，便上书，在汉明帝面前申说班固著述之意，地方官也将其书稿送到朝廷。汉明帝了解情况后，很欣赏班固的才学，任命他为兰台令史。兰台是汉朝收藏图书之处，兰台的令史共有六名，秩六百石，掌管和校定图书。

《汉书》包括帝纪十二篇，表八篇，志十篇，列传七十篇，共一百篇，后人划分为一百二十卷。它的记事始于汉高帝刘邦元年（公元前 206 年），终于王莽地皇四年（公元 23 年）。

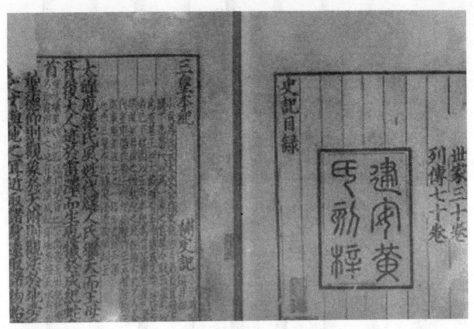

《史记》

《汉书》在吸取《史记》成果的基础上，纠偏补缺。如补立《惠帝纪》，补叙了当时有影响的制度和法令。又增王陵、吴芮、蒯通、伍被、贾山诸传，还将张骞事迹从《卫将军骠骑列传》中抽出，加以扩充，设立专传。此外，于贾谊、晁错、韩安国等传中，增补了不少诏令奏疏。其中，如贾谊的《治安策》，晁错的《言兵事疏》和《募民徙塞疏》尤为著名。比较完整地引用诏书、奏议，成为《汉书》的重要特点。此外，边疆诸少数民族传的内容也相当丰富。

《汉书》的体例与《史记》相比，已

经发生了变化。《史记》是一部通史，《汉书》则是一部断代史。《汉书》把《史记》的"本纪"省称"纪"，"列传"省称"传"，"书"改曰"志"，取消了"世家"，汉代勋臣世家一律编入传。这些变化，被后来的一些史书沿袭下来。

《汉书》记载的时代与《史记》有交叉，汉武帝中期以前的西汉历史，两书都有记述。这一部分，《汉书》常常移用《史记》。但由于作者思想境界的差异和材料取舍标准不尽相同，移用时也有增删改动。

《汉书》新增加了《刑法志》《五行志》《地理志》《艺文志》。《刑法志》第一次

《汉书·地理志》记录了当时的郡国行政区划、历史沿革和户口数字

历史巨著《汉书》

《汉书·地理志》生动地介绍了各地的物产和民情风俗

系统地叙述了法律制度的沿革和一些具体的律令规定。《地理志》记录了当时的郡国行政区划、历史沿革和户口数字，有关各地物产、经济发展状况、民情风俗的记载更加引人注目。《艺文志》考证了各种学术别派的源流，记录了存世的书籍，它是我国现存最早的图书目录。《食货志》是由《平准书》演变来的，但内容更加丰富了。它有上下两卷，上卷谈"食"，即农业经济状况；下卷论"货"，即商业和货币的情况，是当时的经济专篇。

《汉书》八表中有一篇《古今人表》，从太昊帝记到吴广，有"古"而无"今"，因此引起了后人的讥责。后人非常推崇《汉书》的《百官公卿表》，这篇表首先讲述了秦汉封官设职的情况，各种官职的权限和俸禄的数量，然后用分为十四级、三十四官格的简表，记录汉代公卿大臣的升降迁免。它篇幅不多，却把当时的官僚制度和官僚的变迁清清楚楚地展现在我们面前。

这部书中所用材料，第一是根据他父亲所写，又取材于刘向、刘歆、扬雄、冯商、史岑诸人著作。在《汉书·艺文志》里有一书称《著记》190卷，此是汉廷史官所撰，或许亦为班固撰《汉书》时所采用。而在葛洪《抱朴子》里有一段话说："家有刘子骏汉书百余卷。欲撰汉书，编录汉事沫得成而亡，故书无宗本，但杂录而已。试以考校班固所作，殆是全取刘书，其所不取者二万余言而已。"此谓书无宗本，但杂录而已者，

《汉书·食货志》记述了汉代的农业和经济情况

亦可说只是一些札记。故谓他"编录汉事"，仍是一条一条一段一段地编录。而以此一百多卷的编录本来校班固的《汉书》，几是全部采取了刘子骏的编录，没有用的只有两万多字。葛洪这段话，不像是随便说说，可是应细加辨明。第一，刘歆书只是个杂录，没有成书。第二，说"班固所作殆是全取刘书"，此语可分两个讲法。一是班固《汉书》完全抄了刘歆；一是刘歆《汉书杂录》，为班固完全抄了。此两讲法大不同，我们绝不能说班固《汉书》"全取刘书"，明明他父亲就写了几十篇传。但刘歆的编录，班固却全抄了，不抄

《汉书》作为史料，参考了前人大量的研究成果

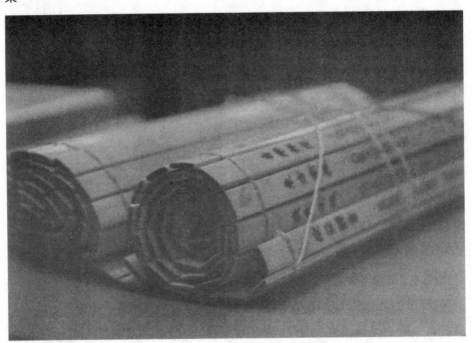

班固与《汉书》

的只有两万多字。刘歆乃西汉末年一位大学者，他编录了一百多卷材料，全为班固所取，那必是很重要的。若说如孔子以前的人"未修春秋"，恐未必尽然。而刘歆在西汉学术史上的地位，则或许还应在扬雄之上，决不输过班彪。班固花了几十年工夫，凭借他父亲及刘扬编录下的许多好材料在那里，自然用处很大，刘歆记录下的材料当是很有用。试举一例，《汉书》里特别详及谷永。此人对刘歆有很大的影响，在《刘向、歆父子年谱》里，说谷永是当时大儒，汉代后半期的政治思想，此人影响非常大。刘歆助王莽代汉，自有一套政治思想作底，非后来魏晋篡

汉代陶俑

历史巨著《汉书》

班固幼时饱览典籍，受到了良好的教育

位之徒可比。今《汉书》里谷永材料特别多，或许正是刘歆所编录也未可知。

（二）班固的家学渊源与《汉书》的创作

班固的家世给了他物质和精神两方面雄厚的基础，使其在早年得以饱览典籍，丰富阅历。从班固的祖父辈起，班氏由边地豪富变为关中儒学之家。关中为西汉京都之所在，文化学术氛围浓厚，班固大伯祖班伯"少受《诗》于师丹。大将军王凤荐伯宜劝学，召见宴昵殿，容貌甚丽，诵说有法，拜为中常侍。时上方乡学，郑宽中、张禹朝夕入说《尚书》《论语》于金华殿中，诏伯受焉"。二伯祖班"博学有俊材，左将军史丹举贤良方正，以对策为议郎，迁谏大夫、右曹中郎将，与刘向校秘书。每奏事，以选受诏进读群书。上器其能，赐以秘书之副"。班固之父班彪，"幼与从兄嗣共游学，家有赐书，内足于财，好古之士自远方至，父党扬子云以下莫不造门。"班彪不但学术渊博、识见超人，而且潜心研史，对班固的影响更是至深。可以说，班彪对于班固正如司马谈对于司马迁一样，而《史记》《汉书》二史的完成，

无疑分别凝聚着两个家庭父子两代人的巨大心血。班彪身历新莽乱世而思想极为纯正，其对天下走势的准确判断不但反映出其见识非凡，而且也得益于其深厚的儒学根底。班彪对《史记》的批评反映了其儒学正统性的一面，但更主要的还表明了其对《史记》的崇拜与追捧。班彪不满于自褚少孙以来种种对《史记》的补续之作，而立志撰写《史记后传》，这本身就是他对《史记》态度的最好说明。

班彪对《使记》的批评反映了其儒学正统性的一面

在优越的家庭环境熏陶下，班固"年九岁，能属文诵诗赋，及长，遂博贯载籍，九流百家之言，无不穷究。所学无常师，不为章句，举大义而已"。班固的博学多才为日

在编写《汉书》的过程中，
班固曾心生迷茫恐惧

后《汉书》的创作奠定了坚实的基础。然而，在时代精神的感召之下，班固与其投笔从戎的胞弟班超一样，心中涌动着强烈的功名欲望，并寻求途径，参与政治。明帝永平初年，班固以一介布衣的身份上书东平王刘苍，尽管班固没有自我推销的一言半语，但其目的并不仅仅在向东平王推荐贤才，无疑也隐含着自荐之意。这次上书虽然为刘苍所采纳，但班固并未因此改变其布衣的命运。班固将修订完成父亲的遗著作为自己的事业，潜心其中。不料被人告发私改国史而下狱，使他感到了微贱之人不能把握命运的悲哀，联系不久前同郡苏朗因伪言图谶而遭下狱身亡一事，班固更产生了一种死的恐惧。幸而其弟班超奋力相救，使他不但转危为安，而且因祸得福。真相查明后，明帝因赏识其才华而任命他为兰台令史，班固充分利用皇室藏书，取精用弘，继续写作《汉书》。此一事件不但成为班固人生历程的重要转折，而且也标志着班固将创作《汉书》作为时代的需要和自己极重要的功业。

　　班固潜心著史的时间，据郑鹤声先生《班固年谱》，为明帝永平二年（公元59年）

至章帝建初七年 (公元 82 年)，前后达 24
年。班固以其卓绝一世的才华与呕心沥血的
努力，奠定了其在中国史学史上与司马迁比
肩的地位。当然，在班固受诏作史过程中，
既享受着诸多便利的条件，如皇室资料的提
供、自褚少孙至其父班彪等十数家《史记》
续作材料的网罗，又有着当年司马迁所无法
享受的恩遇，但同时也受到了种种有形无形
的限制，体验了司马迁并未体验的束缚感，
还要忍受巨大的寂寞，这无疑造成了班固在
创作中的复杂心态。

日本人冈村繁在论及《汉书》创作时
说："为了对汉室的厚待表示感恩，也为了
避免再度受妒遭谗，他需要尽可能颂扬汉王

**潜心研史的班固忍
受着巨大的寂寞**

历史巨著《汉书》

由于历史的局限性和主
观因素，班固受到了 些
不公正的评价

朝，由此他才亲自对史书的编制进行重大改革。而且，他还可以借这一新的编史态度最适切地表明自己对当时以汉室为中心的国家主义的衷心拥戴……当他开始实际编述《汉书》时，竟敢冒大幅度重复《史记》之嫌，列述前汉十有二世的所有《本纪》，并废除《史记》中'世家'部分，而把臣下的传记全部归入'列传'中，甚至连《史记》中的《项羽本纪》都一举降格纳入'列传'，元后的传记也以她曾维护王莽而与《王莽传》一同被贬置卷末。如此意图显豁的编纂，也使我们有理由认为他是在对汉王朝献媚。"此论除了对《汉

班固与《汉书》

班固有着渊博的学识和清醒的头脑，较为客观地把握了西汉的历史

书》的体例特色不甚明了之外，对班固的创作心态也未能全面把握。班固衷心拥戴汉室，且在《汉书》中自觉表达了鲜明的"宣汉"旨趣，均为不争的事实，但是，作为渊博的学者和清醒的史家，班固既对司马迁的良史之材和实录精神极力赞许，又深受桓谭、王充等进步思想家的影响，能较为全面客观地把握西汉一代的社会历史，并尽可能将自己的认识见诸《汉书》之中。无奈班固作史，大部分是在明、章二帝的特别关照下进行的，帝王不时过问其事，且对作史有过明确的表态，即只能颂扬汉德，不能贬损当世，自光武至明、章，又无不对谶纬之学极为推崇，

汉代陶俑

此时，谶纬神学作为统治阶级的思想左右着学术命运，学者若不引谐纬缘饰经义，几乎不可想象。因此，班固一方面不得不遵循帝王旨意，遵循主流意识，另一方面又要表达自己的史观与实录精神，这样，班固与司马迁一样，在创作中的心态无疑也是复杂而矛盾的。表现于《汉书》之中，既充斥了西汉后期以来盛行的神意史观，又处处突出历史变易中的人为因素。在帝纪之中，特别是《高帝纪》中，大肆宣扬了所谓汉承尧运、历史循环论等思想，对此，宋代著名思想家叶适也无法接受，他认为："《诗》《书》古文，人主皆以有德王，无德亡；至驺衍妄造五德胜克，孔孟之徒未尝言也。而秦汉以来号为有识者，辩论不已。刘向父子乃言'帝出于震，庖牺为木德而汉得火'，是何等见识！妄傅经义，希世媚上，昔之巫现犹羞之，班固方依违而不敢明，盖桓谭郑兴之徐烈。悲夫！君臣之道降，一至是乎！"其实，在当时的社会环境下，班固依违其间是完全可以理解的，而且如全面考察《汉书》，五德终始思想仅仅是其中的一个方面，甚至并不占主导地位，我们在《汉书》的其他篇章里，读到的更多的是人事推动并最终决定社会历史。再者，《汉书》虽为断代史，班固同样能在古今历

汉代马车画像砖

历史巨著《汉书》

史变易中揭示规律；《汉书》虽尊显汉室，班固又能以直书无隐之笔"善昭恶，劝戒后人"。总之，班固著史时的情理矛盾是较为明显的，但总体而言，对汉朝历史的记录又是不失客观的。

（三）《汉书》创作的时代特征

如果说《史记》是西汉大一统时代精神的激励和司马氏父子职业使命与历史责任感共同驱使的产物，那么《汉书》则是汉室中兴的感召和班氏父子强烈的著史意识驱动的结果。刘秀在削平群雄之后，施行了一系列巩固统治、促进社会发展的措施，使社会生产得以较快地恢复并发展起来。明帝、章帝基本保持了光武帝的政策，东汉社会的早期，无疑是一个积极向上的时代，它给文化学术的发展提供了便利，也激发了士人的创造热情。可以说，没有文景之治和武帝时期的盛世，就不会有《史记》巨著的问世；而没有东汉初年经济的发展和安定的环境，也不可能产生同样气魄宏伟的《汉书》。

然而，与西汉开国帝王出身下流且不甚重视儒术不同的是，东汉光武帝不但自身即是士人出身，而且极重经术，又因西

东汉初年国泰民安，社会稳定，为《汉书》诞生提供了条件

班固与《汉书》

汉末年士风颓弱之鉴而敦养名节。西汉自吕
后统治至文景之治，基本以黄老思想为主导，
儒学虽渐受重视而仍不占尊崇地位，武帝正
式执政之后，方毅然罢黜百家而独尊儒术，
而此时的社会思想尚处在由多元走向统一的
过渡时期。如果说《史记》诞生于西汉政治
及学术走向大一统的关键时期，则《汉书》
乃产生于东汉儒术与谶纬神学的浓厚氛围之
中。

汉武帝罢黜百家，独尊
儒术

　　一方面是中兴盛世的气象大显，一方面
是思想控制更严，这就是《汉书》创作的典
型的时代特征。在此时代之下，士人虽多数

谨慎守礼、砥砺名节成为当时的士风

仍有强烈的功名欲望，但为了自身较好地生存，必须更加重视立德修身，举止谨慎，自律自敛，士人由两汉之际的议论风发、不修小节转向了谨慎守礼、砥砺名节，于是士风总体呈现出一片谨慎的特点。班固之"性和容，不以才能高人"，正为当时诸儒所推许。

五　《汉书》的特点

（一）《汉书》的结构形态

　　自先秦至两汉，文章篇幅由片言只字发展为鸿篇巨制，结构上总体趋于宏大而严谨，《史记》《汉书》正是其中杰出的代表。《史记》洋洋五十余万言，以五体综合、古今贯通的结构表达其宏伟的创作主旨，虽不无疏漏，然气魄盖世，奠定了后世正史宏观结构的基础；《汉书》更多达 80 万言，其在形制上最显著的表现则是断代为史，四体构书，它与《史记》一道成为后来正史体例的圭臬。然而，《汉书》与其继承者不同的是，作者既断代为史，又具有鲜明的通史意识，努力将"断"

《汉书》结构宏大
而严谨

班固与《汉书》

与"通"结合。班固所谓"旁贯《五经》，上下洽通，为春秋考纪"云云，正与司马迁的"绍明世，继《春秋》"一样，都是"大一统"的通识思想在史学上的鲜明体现。我们只有正确理解作者这种大一统思想与通史意识，才能对《汉书》结构有新的认识。

李长之先生评价《史记》时曾说："司马迁是拿整个的《史记》与人相见的，并非单篇分开给我们，因此他对于每一问题的看法，我们不能单就篇名的外形去找。"可见《史记》的确做到了"首尾周密，表里一体"。同样，《汉书》的创作，在班固的心中也是一个不可分割的整体，因此，我们只有首先将《汉书》作一整体观，才能对其有较为客观全面的把握。古人对此已有所认识，茅坤曾评《翟方进传》曰："写承相宣甚器重焉，遥与前篇《薛宣传》呼应。此所谓一部犹如一篇，血脉自相贯注也。"以下试从《汉书》的整体架构和各体内部的关系上略作分析。

《汉书》纪传体总体架构史著是对既往历史的总结，但绝不是对已有材料的简单罗列。面对西汉一代如此丰富复杂的史事，如何理清其序、分门别类，使各类材料杂而不越，构成统一和谐的整体，表达既定的主旨，

《汉书》对历史作出了梳理和总结

是摆在班固面前艰巨的任务。

当然，完全继承《史记》的体例结构，和对其稍事修缮，确是一种省事的做法。但在班固看来，这样不但难以体现其严谨的风格，而且更难以充分表达其尊汉与宣扬大一统的主旨。班固杰出的创造精神，体现在《汉书》的体例结构上，即变《史记》五体为纪、表、志、传四体，并精心修饰，使形式更加整齐，史体更加严密，而这又正是作者进一步贯彻以帝王为中心的大一统思想在体制和结构上的表现。然对《汉书》省"世家"而入"列传"，以四体结构全书，历来众说纷纭，赵翼批评说："《史

汉代陶俑

班固与《汉书》

记·卫世家赞》'余读《世家》言'云云。是古来本有世家一体，迁用之以记王侯诸国，《汉书》乃尽改为列传。传者，传一人之生平也。王侯开国，子孙世袭，故称世家，今改作传，而其子孙嗣爵者，又不能不附其后，究非体矣。"确为探本之论，但似未深究《汉书》写作的实际。赵翼本已认识到"班书陈、项俱改为列传，诚万世不易之体"，而未知彪、固父子取消世家之举，不但着眼西汉一代诸侯渐趋衰微的政治大势，而且也使大一统的主题更加集中。因为"世家"一体叙诸侯开国承世，有国别为史的含义，客观上不利于反映国家一统，省此一体，使本纪的纲领与

西汉瓦当

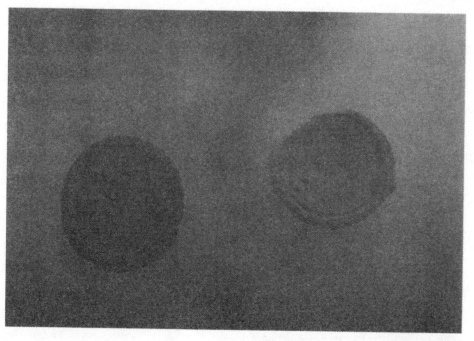

《汉书》的特点

西汉陶器展品

统摄地位更加突出，全书结构更加紧密，行文更加整齐，不但体现了严谨不苟的态度，更将崇扬大汉和宣扬大一统精神推到了极至。《汉书》七十传列叙了自秦末起义、楚汉相争到王莽时期的主要历史人物以及四裔民族的历史变迁，不但全面展示了西汉一代历史始末，而且深刻反映了作者的政治、历史、经济、军事、文化等思想，尤其是热烈赞颂了以国家、民族大义为重的爱国精神，无情鞭挞了为一己私利而祸国殃民的不义行径，充分表达了作者尊汉与维护大一统国家的利益的主题。

从内容上看，帝纪集中记载事关国体

的大事，反映西汉一代盛衰大势，而将无关国体的内容移入他篇，可谓立西汉历史之主干。表的内容记录侯王功臣概况，既充实了帝纪，又从一个侧面折射西汉王朝的兴衰。十志横向记载西汉各项典章制度以及文化学术的建立与发展，反映了汉朝的立国之本。七十传中，既详叙人臣之事及四裔历史，又大量补充了帝纪的内容，如《项籍传》《韩信传》《萧何曹参传》等对《高帝纪》的补充，《外戚传》《高五王传》等对《高后纪》的补充，《霍光传》《魏相丙吉传》《武五子传》等对《昭帝纪》《宣帝纪》的补充。《王莽传》本身则兼具纪、传二体的性质，将王莽

汉代宴饮画像砖

《汉书》的特点

汉代陶俑

自篡国至覆亡的一段史事尽收于其中，又与《哀帝纪》《平帝纪》等相互补充。这种以帝纪为骨干，以表、志、传为支脉血肉的结构与内容安排，使四体相互依存，互为补充，融为一个不可分割的整体。

（二）《汉书》与《史记》的比较

《汉书》因袭《史记》，又不同于《史记》，其特点有三。

其一，《汉书》具有浓厚的封建正统思想。班固时，封建神学思想已发展成为当时的统治思想，而班氏父子又是"唯圣人之道然后尽心焉"的史学家，他们自然

汉代陶俑

以维护封建神学思想为己任，将"圣人之道"作为自己著作的指导思想。这样，作者一面承袭《史记》的内容，一面又指责它的"是非颇谬于圣人"，因而篡改《史记》的观点，使《汉书》更加符合于封建正统思想。《汉书》神化西汉皇权、拥汉为正统的思想，其目的是为论证东汉王朝的正统性和神化东汉皇权服务的。因此，以阴阳五行学说为理论根据的"五德终始说"和王权神授的封建神学说教，便成为《汉书》的主导思想。为了宣扬"天人感应"、灾异祥瑞的封建神学思想，《汉书》首创《五行志》，专门记述五行灾异的神秘学说，还创立《睦西夏侯京翼李传》，专门记载五行家的事迹。

其二，《汉书》开创断代为史和整齐纪传史的编纂体例。

班固之所以断代为史，并不是偶然的，而是适应时代的要求。

他总结汉武帝到东汉初年，约一个半世纪的历史著作，加以创造性的发展，其目的是为当时统治阶级的政治服务。班固认为，《史记》的通史体例，将西汉一代"编于百王之末，厕于秦项之列"，既不利于宣扬"汉德"，又难以突出汉代的历史地位。这是《汉书》断代为史的根据。

西汉铜器鼎

班固与《汉书》

于是，《汉书》"包举一代"，断限起自西汉建立，终于新朝的灭亡，为了突出刘邦，就将《高帝纪》置于首篇。这种断代为史的体例，受到后来封建史家的赞誉，并成为历代"正史"编纂的依据。

在编纂体例方面，《汉书》继承发展《史记》的编纂形式，使纪传体成为一种更加完备的编纂体例。例如，《史记》虽然立了《吕后本纪》，但却用惠帝纪年，《汉书》补立《惠帝纪》，解决《史记》在体例上的混乱；对于年月的记载也比《史记》详细和明确。再者，《汉书》新创立的四种志，对于西汉的政治经济制度和社会文化的记载，比《史

《汉书》对于经济制度和社会文化的记录更为完备

《汉书》的特点

《汉书》记录了新疆境内我国各民族的历史

记》更加完备，从而提高了《汉书》的史料价值。对于传记的编排，《汉书》基本上按时间先后为序，体例上也比《史记》整齐划一。

其三，资料丰富，保存许多重要的历史文献。现存《汉书》约八十万字，卷帙比《史记》繁富。它增载不少重要的诏令，主要集中在帝纪部分。在许多人物传记中，《汉书》又收入大量有关政治、经济、军事和文化方面的奏疏、对策、著述和书信。在《汉书》的 10 志中，也有类似的重要历史文献的收载，如《食货志》收入晁错的《论贵粟疏》等。

《汉书》还增补了国内外各民族史的资料。例如，在《史记匈奴列传》的基础上，《汉书》大量增补汉武帝以后的史实，比较完整地记述了自远古至西汉末年匈奴民族的历史。《汉书》又合并《史记》的南越、东越、朝鲜、西南夷诸传，在补充大量的史实基础上，以合传形式写成较为详细的《西南夷两粤朝鲜传》。同时，《汉书》改《史记·大宛列传》为《西域传》，记述今新疆境内我国各民族历史，以及中亚和西南亚诸国史。

祭天是朝廷的大礼节

《汉书》也有比《史记》对后世影响
大的部分，就是它的十志。《汉书》的"志"，
在《史记》里称作"书"。《史记》有《封
禅书》，《汉书》改成了《郊祀志》。封
禅是汉武帝时一件大事，司马迁的父亲对
这件事的意见和朝廷不一致，不见采用，
抑郁病倒，后来司马迁作《史记》，专记

汉代钱币

这事成一篇。实际《史记·封禅书》也不是只讲了汉武帝一朝的封禅，但班固把这题目改称《郊祀志》。"郊"是祭天，"祀"是祭地，祭天祀地是从来政府一项大礼节，封禅只是在此项目中的一件事。班书从上讲下，讲的是这郊天祀地的演变，其实讲法还是和太史公书差不多，只是题目变了，意义有别。以后历代正史都有《郊祀志》，不如《史记》里的《封禅书》，只是当时一项特殊事件。又如《史记》里有《平准书》，《汉书》改成《食货志》。"平准"乃是汉武帝时一项经济政策，这是一项极重大的经济政策，太史公拿来作"书"名。而班固把平准改成食货。

平准只是讲"货"，此又加上了"食"，国家经济最重要的两件事——便是"食"与"货"。这一篇志，便成这一代的经济史。后来每一部正史都有一篇《食货志》，但不一定都有一项平准制度。又如太史公有《河渠书》，因汉武帝时及其以前黄河决口，汉朝屡施救治，太史公就作了《河渠书》。渠就是渠道，班孟坚再把此题目扩大，改做《沟洫志》。"沟洫"是古代井田制度里的水利灌溉，当然治水害、开河渠，都可写在这里面。《史记》八书，每每特举一事作题目，而《汉书》则改成一个会通的大题目，不限在一件特别的事

"沟洫"指的是古代井田制度里的水利灌溉

班固与《汉书》

上。《汉书》虽是断代为史，而他的十志则是上下古今一气直下，从古代一路讲来，却不以朝代为限。司马迁《史记》本是一部通史，而他的八书命题，偏重当代。班固把题目换了，就等于看成一个通的，上下直贯，古今相沿的事。我们讲过，历史上换了一个朝代，便换出一个样子，人物制度都可换，但在制度里有许多是从头贯通下来的，如像郊祀之礼、像食货经济情形等，在历史上一路沿袭，不因朝代之变而全变。班氏找出几项最大的题目来作"志"，于是此一体在历代正史中成为一特出之体。一般学历史的人，觉得志最难读，不像读本纪列传等，读志才像是一

班固选择了祭祀礼仪、食货经济等较大的题目来作"志"

《汉书》的特点

种专家之学。学历史要知道历史中的事件较简单，如汉武帝时怎样、宣帝时怎样，都是比较简单。但要知道汉代一代的经济水利等，像此之类，题目较大，必要一路从上贯下，不能把年代切断。若照《史记》封禅、平准等篇名，好像只是当时一特殊事项，从班固改换篇名，显然性质大变。

而且也有《史记》里没有，《汉书》添进去的内容。《史记》只有八书，而《汉书》有十志。如《汉书》里的《地理志》，此后讲到中国沿革地理的，第一部参考书是《禹贡》，实际《禹贡》只是战国晚年时的伪书，第二部书便是《汉书·地理志》，

《汉书·地理志》对后世影响很大

班固与《汉书》

其效用影响甚大。地理内容又可分两部分，一是当时的政治地理，分郡、分国，共103个，使我们清清楚楚，一目了然。汉代的政治区域大概划分，尽在这里了。以后历代政治区域划分不同，也几乎每一断代史里都有《地理志》。会在一起，就可以研究中国的沿革地理。而同时班孟坚又根据《诗经》十五国风，把各地民情风俗彼此不同处，都扼要地写上。这一部分却又是《汉书·地理志》里极重要的，可惜后人不能根据此点继续写得更深更好。每一时代之不同，如能有人学班固《地理志》写出，这将为读历史的人贡献了一个极重要之点。故自有《汉书》以后，

《汉书·地理志》中还记录了各地的民俗风情

历代学历史的人，特别对于《汉书》里的十志工夫用得大。如《地理志》，只是清代一代研究它的，就不晓得多少，这在史学中已成了一种专门之学。又如《汉书》另有一篇《艺文志》，亦为《史记》所没有。《汉书艺文志》是根据刘向刘歆的《七略》而来。刘向刘歆父子在当时是监管汉代皇家图书馆的，外边看不到的书，尽在皇家图书馆里，他们父子把这许多书汇集整理分类，成为《七略》，此是一种有提纲的分类编目，班固根据这编目来写《汉书·艺文志》。虽然只是根据刘向刘歆的材料，并不是班固自己所写，但这篇《艺

刘向、刘歆父子将皇家
藏书整理分类为《七略》

班固与《汉书》

文志》就变成了后来所谓目录校雠学最深的源泉，最大的根本。在中国二十四史里，就有八史有此同样的志。后人把此八篇汇刻单行，称为《八史经籍志》。古书籍有的直传到现在，有的半路失掉。如汉代有的书，到隋代没有了。隋代有的，唐代、宋代没有了。我们只要一查各史《艺文志》《经籍志》便知。要讲学术史，有此一部两千年积聚下来的大书目，这是历代国立图书馆的书目，真是珍贵异常。可是从来的学者讲究《地理志》较易，讲究《艺文志》较难。直到南宋时代郑樵《通志》里的《校雠略》，清代章学诚的《文史通义》与《校雠通义》，才把《汉书·艺

汉代宴集画像砖

《汉书》的特点

管仲像

文志》的内蕴讲得更深透。直到今天，成为我们讲学术史，特别是讲古代学术史的一个极大依据。当然普通读《汉书》的人，有的不懂地理，不会看《汉书·地理志》。有的不会看《艺文志》，不懂《六艺略》《诸子略》这种分类的重要。但亦有人专门研究《汉书》十志中的一部分，如《地理志》《艺文志》等，其所贡献也往往在研究《史记》者之上。

《汉书》也有表，中间有一《古今人表》，很受后人批评。因《汉书》是断代的，而《古今人表》，则从古到今把一应人物都列上了，此与《汉书》体例不合。《史记》虽是通史，但古人列传的并不多。第一篇是《伯夷传》，伯夷前边的人都不管了。第二篇《管晏列传》，从伯夷到管仲这中间还尽有很多人，也全没有了。而这个古今人表则网罗甚备。固然在当时应有书作据，而在现代，十之七八也还可考查得出。清代就专有人为此人表逐一查其出处。不过此表被人批评，重要的并不在这些人多出在汉以前，而更为他把古今人分成了自上上到下下的九品。如孔子列上上，颜渊列上中，老子则放在下面去了。当然把历史上人分成九品，不会都恰当。然而大体上说，尧舜在上上等，

老子像

《汉书》的特点

《汉书》的成就极高，在某些方面超过了《史记》

桀纣在下下等，像此之类，也不必特别太严苛地批评。因有人批评及此，就讨论到《古今人表》是否班固所作，还是后人加上，我们现在不论这一点，只讲《古今人表》在《汉书》里也如《地理志》《艺文志》等，都是超出于《史记》之上的一类文章，该认为这是班固《汉书》有价值的地方。

六 《汉书》的地位

《汉书》凝结了班固毕生的心血

要评论《汉书》的内容，同时就会评论到班固这个人。书的背后必该有人，读其书不问其书作者之为人，绝非善读书者。诸位不要认为书写出便是。如他写了一部历史书，他便是个史学家，此固不错。但我们也得反过来看，因他是个史学家，才能写出一部历史。而且我们也不要认为每一作者之能事，尽只在他写的书上。孔子之为人，不能说专在写《春秋》。周公之为人，也不能说专在《西周书》里几篇与他有关的文章上。司马迁写下了一部《史记》，但尽管有许多其他方面的，在《史

读书不能忽略作者表达的
精神内涵

记》里不能写进去。我们要根据《史记》来了解司马迁这样一个鲜活的人，若我们只读《史记》，而不问司马迁其人，即是忽略了《史记》精神之某一方面，或许是很重要的一方面。若我们来讲人的话，则班固远不如司马迁了。在后代中国，唐以前多看重《汉书》，宋以后始知看重《史记》。郑樵《通志》里说："班固浮华之士，全无学术，专事剽窃。"在《文选》里班固有《两都赋》《幽通赋》等，故而说他是"浮华之士"。但若说他"全无学术，专事剽窃"，那话或许讲得过分些。写史当然要抄书，太史公《史

班固在做人方面不如司马迁得到的赞誉多

记》也何尝不是从旧史料中抄来。《汉书》最后一篇《叙传》，正是学《史记》里的《太史公自序》。但《太史公自序》把他写书归之其父之遗命，即在《报任少卿书》中亦然。而班固的《叙传》却并没有讲到他父亲，说他自己的《汉书》只是承续父业。有人为班固辩护，在《汉书》里也曾称到他父亲，而称"司徒椽班彪"。看这五字，便见与司马迁不同。司马迁称他父亲为太史"公"，不直称太史令，又更不著姓名，那见是司马迁之尊亲。而班固称他父亲便直呼"司徒椽班彪"，这可说是班固的客观史笔吗？班固写《汉书》，或说开始固是继续着他父亲的写下，后来则是奉了朝廷诏旨而写，因此他不能说我这书是继续父亲的，这也是强为辩护。无论怎么讲，总觉得班马两人有不同。班固明明是继承父业，而把父业抹去了，在他《叙传》里没有大书特书地把他父亲写出来，单拿这一点论，郑樵称其为"浮华之士"，实不为过。

当时有人说班固写《汉书》有"受金之谤"。别人贿赂他，希望写一篇好传，或者把坏事情少写几句，这话见于刘知几《史通》。当然是相传下来有此话，所以刘知几《史通》

有人诽镑班固因收受贿赂而写《汉书》

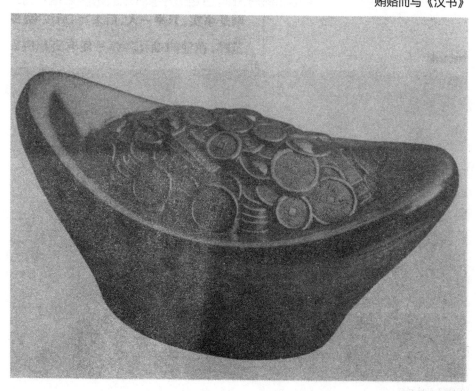

《汉书》的地位

也讲到了。在先有刘勰的《文心雕龙》，在《史传篇》里已为班固辩诬，说"征贿鬻笔之愆"是没有的，所以我们不能根据这些来批评《汉书》。可是郑樵《通志》又说，东汉肃宗曾对窦宪说：重视班固而忽略了崔骃，那是不识人，等于叶公之好龙。平心而论，班固在人品上、学术上或许不如崔骃，是可能的。然而《汉书》一出，"当事甚重其书，学者莫不讽诵"。在王充的《论衡》里也就屡次提到班固《汉书》，可是后来又有人说王充看见了班固，那时班固还是一小孩子，王充摸着他头说：这个小孩将来要做大事！这就不可靠，不

汉代陶俑

班固与《汉书》

班固所著《汉书》言辞平实，恰如其分

过王充曾称赞过《汉书》则是事实。只举一人，后来写《后汉书》的范晔，在他的《后汉书》里便有班彪班固的传，他曾评论司马迁与班固说："迁文直而事核，固文赡而事详。"这十几个字的评语，十分有道理。司马迁的文章"直"，而事则"核"，是经得起考据和批评的。当然《史记》里也有事情讲错的，不晓得多少，大体言之，文直事核，纵有忽略，也可原谅。"赡"就不如"直"，"详"亦不如"核"。若使文赡而不真，事详而不核，那就要不得。范晔接着又说："固之序事，不激诡、不抑抗、赡而不秽，详而

后世称《汉书》"详而有体"

有体，使读之者亹亹而不厌。"此说《汉书》叙事不过激也不诡异，不把一人一事过分压低，或过分抬高。"赡而不秽"，是说整齐干净不脏乱。"详而有体"是说每事本末始终，表里精粗都有体。故能"使读之者亹亹不厌"，《汉书》能成大名，确有道理。范蔚宗此一批评很好。但范氏又说："其论议常排死节，否正直，不叙杀身成仁之为美，轻仁义，贱守节。"此数句却批评得甚为严重。这些病痛，当知并不在行文与叙事之技巧上，而在作者自己的见识与人格修养上。诸位如读太史公书，即如《魏公子列传》《平原君列传》

班固对历史人物的是
非功过有着自己独道
的见解

《刺客列传》之类，此等文字，皆非《战国策》书中所有，乃太史公特自写之，使人读了无不兴会淋漓，欢欣鼓舞，想见其人。《汉书》中此等文字绝找不到。诸位且把《汉书》从头到尾翻一遍，何处见他排死节？何处见他否正直？例如《龚胜传》，他是汉末一死节之士，而班固说他"竟夭天年"，这岂不是说照理还该活，而死节转贻讥了吗？又如王陵、汲黯两人，太史公《史记》里都有，《汉书》称他们为"戆"。又如《王章传》，那也是能杀身成仁的，而班固批评他说："不论轻重，以陷刑戮。"又如《何武传》，班固说："依世则废道，违俗则危殆。"既怕危殆，自然也只有依世。又如《翟义传》，班固批评他"义不量力，以覆其宗"。即观上举诸例，可见班氏《汉书》不是无是非，而是把是非颠倒了。范蔚宗说他"轻仁义，贱守节"，一点也不冤枉。而他还要说司马迁"博物洽闻"，而"不能以智免极刑"。但班氏自己也岂不死在牢狱里。司马迁乃是为李陵辩护，而班固则投在窦宪门下。二者相比，大不相同。但他总不失为有才、能文，也花了一辈子工夫，《汉书》也是写得好。在魏晋南北朝唐初，公认《汉书》是部好书，正为那时人都讲究做文章。后来韩柳古文兴起，文学眼光不同，对《史记》《汉书》高下看法亦不同。

班固倾其一生，铸就了史学上的一朵奇葩

班固与《汉书》

史学家应有宽广的心
胸和独立的人格

上引范蔚宗论《汉书》，本亦承之华峤，而
傅玄亦贬班固，谓其"论国体，则饰主缺而
折忠臣。叙世教，则贵取容而贱直节，述时务，
则谨辞章而略事实"，可见当时史家公论。
范蔚宗也是不获令终，死在监狱里，但范蔚
宗《后汉书》在讲仁义守节等事上，不知比
《汉书》好了多少。又在《后汉书》班固的
赞里说："彪识王命，固迷其纷。"班彪曾
写了一篇《王命论》，不为隗嚣所屈，可说
有见识，有操守。不如其子固，生值汉朝中
兴天下平治之际，对种种世俗纷纭还是看不
清。把他们父子相比，也复恰如其分。总之，
一位史学作者应有其自己之心胸与人格。对

太史公司马迁在《史记》中向读者呈现了一个个鲜活生动的人物形象

其所写，有较高境界，较高情感的，而适为彼自己心胸所不能体会，不能领略，则在其笔下，自不能把此等事之深处高处曲曲达出，细细传下。

班固《汉书》略论考史方面，有他父亲六十几篇的传，有刘歆之所编录，选材大概是不差。论"写史"，班氏文笔也不差。班氏所缺乃在不能"论史"。当知在考史写史中，无不该有论史精神之渗入。如太史公写《孔子世家》，主要并不在考与写，而在其背后之论。我们读太史公书，常会"有意乎其人"，有意乎他之所写，如信陵君、平原君、聂政、荆轲，往往使人在百代之下想见其人。此因太史公能欣赏这许多人，写来一若平平凡凡，而都能跃然纸上。一部《史记》，所以都见其为是活的，乃因书背后有一活的司马迁存在。所以司马迁《史记》，不仅是一部史学书、文学书，还有其教育意义存在。即如《魏其武安侯传》，这是太史公时武帝朝上的两位大臣，同时也是政敌，一升一沉，一得意，一失势，事亦平凡，而太史公文章实在写得好，显因太史公自有一番真情渗入其间。又如他对李陵，因而及于陵之祖

父李广，太史公付以极大同情，而对同时卫青之为大将军者，反而对之漠然。今试问太史公在此等处，此一种情感是否要不得？他不仅作《孔子世家》《仲尼弟子列传》《孟子荀卿列传》等，在学术上的高下是非讲得极清楚极正确，即对一普通人物、普通事件，如魏其、武安两人之相轧，在当时政治上也曾发生了大波澜，其实从古今历史大体言，

《汉书》重叙事，轻写人

历史故事背后都蕴含有深刻的寓意

也可说没有什么大关系，然而太史公这一篇《魏其武安列传》，绘声绘形，写得真好。至于班固的《汉书》，往往有其事无其人。如说杀身成仁，其人之死事是有的，而其人之精神则没有传下。我们若用此种标准来读此下的历史，则真是差得又远，还更不如班固。班固《汉书》赡而能详，他把事情详详细细地都摆在那里，又不乱七八糟，叙事得体，范蔚宗的批评正说准了他的好处。我们果能用这样的眼光来读书，自能增长了自己的见识，抑且还提高了自己的人品。读历史则只讲事情，其实在事情背后也还有一个道理。

《汉书》这部史学巨著，有记叙西汉帝王事迹的"纪"十二篇；志各类人物生平及少数民族、外国情况的"传"七十篇；专述典章制度、天文、地理和各种社会现象的"志"十篇；史"表"八篇。全书约八十万字。书中的史料十分丰富翔实。汉武帝以前部分，基本上依据《史记》写成。汉武帝以后部分，除吸收了班彪遗书和当时十几家读《史记》书的资料外，还采用了大量的诏令、奏议、诗赋、类似起居注的《汉著记》、天文历法书，以及班氏父子的"耳闻"。不少原始史料，他都是全文录入书中。如《贾谊传》录入了《治安策》等奏议。《晁错传》录入了

《汉书》开辟了一个新的历史视角

《汉书》的地位

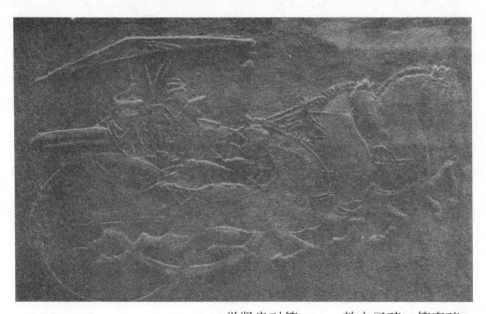

汉代车马画像砖

《举贤良对策》、《教太子疏》等奏疏。

以前，有人从文学角度批评《汉书》说："孟坚所缀拾以成一代之书者，不过历朝之诏令，诸名臣之奏疏尔。"其实，从史书看，这正是它的优点。许多原始史料，今天已经看不到，多赖《汉书》收入，为我们保存下来。《汉书》的"志"即是《史记》的"书"，但比《史记》增加了《刑法志》《地理志》《艺文志》和《五行志》四篇，所包容的历史现象更为博大丰腴。特别是《艺文志》，记述了当时和前代的书籍源流、存佚、内容，并作了分类，是我国留存最早的一部目录学书。以后的"正史"大多效仿它，写入这部分内容。作为

《汉书》是一部断代史，
这是班固的首创

史书，在叙事上，《汉书》的特点是注重史
事的系统、完备，凡事力求有始有终，记述
明白。这为我们了解、研究西汉历史，提供
了莫大方便。至今，凡研究西汉历史的人，
无不以《汉书》作为基本史料。

就体裁论，《汉书》与《史记》同为纪
传体史书。不同的是，《史记》起于传说"三
皇五帝"，止于汉武帝时代，是一部通史；
而《汉书》却是专一记述西汉一代史事的断
代史。这种纪传体的断代史体裁，是班固的
创造。从此以后，历代的"正史"都采用了
这种体裁，这是班固对于我国史学的重大贡
献。《史通·六家》说："如《汉书》者，
究西都之首末，穷刘氏之废兴，包举一代，
撰成一书。言皆精炼，事甚该（赅）密，故

学者寻讨，易为其功。自古迄今，无改斯道。"刘知几的这个评价，今天看来还是很公允的，它道出了班固及《汉书》在我国史学史上的重要地位。

毋庸讳言，作为一部封建史书，《汉书》在指导思想上有明显的封建性。它宣扬汉家王朝上"承尧运"，"以建帝业"；汉高祖刘邦"实天生德，聪明神武"。这就为当时以继承西汉正宗而建立起来的东汉封建统治披上一层神秘外衣，制造了其存在的神学合法依据。《汉书》认为，人民对于封建统治者，应该有"守职奉上之义"。必须服服帖帖地做到"小不得僭大，贱不得逾贵"，维护封建社会的等级统治

《汉书》也不可避免地受到了封建思想的影响

班固与《汉书》

秩序。不难看出，班固的史学思想正是时代
和他本人情况的反映。当时的东汉王朝，专
制主义封建制度已经有了进一步的发展；班
固师承儒家正宗之学，又有着封建官宦的家
世，这一点与司马迁作《史记》时的情况已
经大不相同。历来人们喜欢对比班马，但是
必须首先分析其时代的异同和个人经历、家
世之差别，然后才可以得出历史唯物主义的
正确认识。否则，或褒或贬都会失去应有的
依凭。《汉书》的封建正统思想，对我国后
世的正史有着不可估量的影响。

《汉书》沿袭《史记》的体例，但作了
一些改动，也有一些创新。在纪部分，《汉
书》不称"本纪"，而改称为"纪"（如《高

《汉书》的封建正统思
想对后世产生了很大的
影响

《汉书》的地位

帝纪》），在《史记》的基础上，《汉书》增立《惠帝纪》，以补《史记》的缺略；在《武帝纪》之后，又续写了昭、宣、元、成、哀、平等六篇帝纪。《汉书》取消了《史记》中的《项羽本纪》，将项羽的事迹移入列传，立了《陈胜项籍传》。而王莽称帝十余年，《汉书》并未立纪，而将他归入列传，立了《王莽传》。在表的部分，《汉书》立了八种表，其中六种王侯表里根据《史记》有关各表制成的，主要记载汉代的人物事迹。只有《古今人表》和《百官公卿表》是《汉书》新增设的两种表。《古今人表》名为"古今"，却只记载古代至楚汉之际的历史人物，共分为

《古人今表》记录了古代至楚汉的历史人物

班固与《汉书》

九等，后人因此而指责它不合断代之体。八
表之中，最受后人推崇的是《百官公卿表》。
此表分为两部分，第一部分以文字记述秦汉
职官设置年代、职权范围、俸禄数量和官职
演变等内容；第二部分列出各种职官的表格，
记录职官的升降迁免，较完整地介绍汉代的
官制情况。在志部分，《汉书》改《史记》
的"书"为"志"，而又丰富和发展了八书，
形成我国史学上的书志体。

《汉书》的志，包括律历、礼乐、刑法、
食货、郊祀、天文、五行、地理、沟洫、艺
文等10种。其中，改变或合并八书名称的
有律历、礼乐、食货、郊祀、天文、沟洫等

《食货志》（上卷）记
录了农业经济情况

六种，但它们的内容或者不同，或者有所
增损。如《食货志》在承袭《平准书》部
分材料的同时，又增加新的内容，分为上、
下两卷。上卷记"食"，叙述农业经济情
况；下卷载"货"，介绍工商及货币情况。
《郊祀志》《天文志》和《沟洫志》，也
在《封禅书》《天官书》《河渠书》的基
础上，分别增加一些新的内容。除此之外，
刑法、五行、地理、艺文等四志，都是《汉
书》新创立的。在传部分，《汉书》继承
《史记》的传统。但它不设"世家"一目，
凡属《史记》世家类的汉代历史人物，《汉
书》都移入传部分。原属《史记》的一些
附传，《汉书》则扩充其内容，写成专传
或合传，如张骞、董仲舒、李陵等人的传记。

七 《汉书》的文学影响

《汉书》堪称史学千古之典范

（一）《汉书》为后世史文的楷模

《汉书》在史学体制上超越《史记》成为后世效法的首选对象。《汉书》在史学上所以能立千古之典范，乃在于其史体之规范，内容之雅正，而这又归功于班固数十年的精研覃思。《汉书》与《史记》一样，不仅在史学体制上树立典范，而且也成为千古史文的楷模。

（二）《汉书》对其他文体的影响

《汉书》文章继承先秦、西汉史文遗风，又受辞赋铺采之文的影响，风格典丽，气度雍容，成为后世文章之一大宗，影响

班固与《汉书》

《苏武牧羊图》

所及，远非一般著作可比。

（三）对后世文学素材等方面的影响

《汉书》全面展现了西汉一代历史风云，对西汉 230 年间的历史大事和重要人物几乎网罗无遗，其记事博洽而详略得宜，笔法严谨而不乏生动。《汉书》中许多重要的内容为后世文学的再创作提供了极好的历史素材。其中，《李广苏建传》中李陵、苏武的故事屡屡被后人重写，《敦煌变文集》中录有著名的《李陵变文》，苏武牧羊的故事更是千古流传不绝，并早已被搬上戏剧舞台，现存元杂剧中就分别有周文质的《持汉节苏武还朝》和无名氏的《苏武牧羊记》。《匈奴传》中的王昭君

《汉书》中的故事为后世文
学创作提供了素材

昭君出塞雕塑

《汉书》的文学影响

《窦娥冤》插图

《汉书》为关汉卿创作《感天动地窦娥冤》带来了灵感

故事同样成为后世反复改写的重要内容，敦煌变文中有《王昭君变文》，而元杂剧大家马致远的《破幽梦孤雁汉宫秋》则更加出名，至于历代诗词歌咏昭君者一时已难计其数。另如东方朔故事、朱买臣故事、赵飞燕故事等，也常为宋元明清小说戏曲所取材。而《于定国传》中所记的东海孝妇冤案虽较简略，却对大戏曲家关汉卿的代表作《感天动地窦娥冤》的创作有直接的启发。